Made in the USA
Coppell, TX
13 August 2020

33307037R00068